Trauma

CB130540

PSICANÁLISE PASSO-A-PASSO

Direção: Marco Antonio Coutinho Jorge

Ver lista de títulos no final do volume

Ana Maria Rudge

Trauma

ZAHAR

Copyright © 2009 by Ana Maria Rudge

Capa
Sérgio Campante

CIP-Brasil. Catalogação na fonte
Sindicato Nacional dos Editores de Livros, RJ

Rudge, Ana Maria
R849t Trauma / Ana Maria Rudge. — Rio de Janeiro: Zahar, 2009.
(Psicanálise passo-a-passo)
Inclui bibliografia
ISBN 978-85-378-0129-1

1. Trauma psíquico. 2. Psicanálise. I. Título. II. Série.

CDD: 616.8917
09-0621 CDU: 159.964.2

Todos os direitos desta edição reservados à
EDITORA SCHWARCZ S.A.
Praça Floriano, 19, sala 3001 — Cinelândia
20031-050 — Rio de Janeiro — RJ
Telefone: (21) 3993-7510
www.companhiadasletras.com.br
www.blogdacompanhia.com.br
facebook.com/editorazahar
instagram.com/editorazahar
twitter.com/editorazahar

FSC
www.fsc.org
MISTO
Apoiando o manejo florestal responsável
FSC® C128038

A marca FSC® é a garantia de que a madeira utilizada na fabricação do papel deste livro provém de florestas que foram gerenciadas de maneira ambientalmente correta, socialmente justa e economicamente viável, além de outras fontes de origem controlada.

Esta obra foi composta por TopTextos Edições Gráficas em Minion e Frutiger e impressa em processo sob demanda pela Um Livro sobre papel offset para a Editora Schwarcz a partir de 2024

Sumário

Introdução

O trauma psíquico tem merecido, das mais diversas disciplinas, atenção cada vez maior. A ampliação do estudo e da pesquisa sobre o tema nos dá uma boa medida da importância e do interesse que ele adquire na atualidade. Presente na psicanálise desde seus primórdios, já que sua própria concepção se deve a Freud, a noção de trauma retoma um espaço do qual não mais gozava entre os psicanalistas. Especulando sobre as razões disso, pode-se, de imediato, invocar o fato de que eles estão constantemente se deparando com as consequências para o psiquismo de desastres, violências, catástrofes e más condições de vida que não só afetam diretamente a vida de muitos, como, graças à rapidez com que corre a informação, têm efeitos na vida de todos. Dessa forma, as questões emergentes na clínica atual apresentam, incessantemente, as repercussões do sentimento de desamparo oriundo da exposição à violência e à insegurança.

As discussões sobre o trauma caminham hoje para uma crítica da sociedade contemporânea, ou seja, dos fatores históricos e sociológicos que podem afetar de modo nocivo a maneira de ser dos sujeitos. Entretanto, não se pode esquecer que o enfoque da psicanálise é voltado para os sujeitos um a um, para a singularidade de cada pessoa apoiando-se em sua história infantil única, embora em muitos aspectos a história de cada um seja também compartilhada por seus contemporâneos. O trauma não é o acontecimento em si, mas o modo como esse acontecimento incide sobre o psiquismo de alguém e por ele é processado. Se as experiências de guerra fossem igualmente traumáticas para todos não haveria mercenários, comenta Freud em um exemplo eloquente disso.

Do ponto de vista dos modelos existentes de trauma, é ampla a polissemia e a série de interpretações conflitantes a que o termo está sujeito dentro do campo inaugurado por Freud. Já na década de 1960, a diversidade das abordagens e conceituações provocava em Anna Freud, filha do fundador da psicanálise, o comentário de que tão vasta amplidão de acepções de "trauma" terminava por ocasionar a perda do seu valor conceitual, diluindo a sua significação.

"Trauma" é uma palavra que apresenta a curiosa característica de se manter a mesma em quase todos os idiomas do Ocidente, qualidade que geralmente só caracteriza os nomes próprios. A palavra vem do grego, τραυμα, e nessa língua significa "ferida". Na medicina, designa lesões no organismo causadas por fatores externos. Por analogia, no plano da psicopatologia, veio designar os acontecimentos que rompem radicalmente com um estado de coisas do psiquismo, provocando um desarranjo em nossas formas habituais de funcionar e compreender as coisas e impondo o árduo trabalho da construção de uma nova ordenação do mundo. Entre os acontecimentos e esses efeitos se insere a tela das memórias e fantasias.

As disciplinas que se voltam para o estudo do trauma sempre esbarram numa discussão sobre a memória; isso é verdade quanto à psicanálise, história, análise literária, sociologia, política etc.

No caso da psicanálise, terreno onde a noção de trauma psíquico foi gerada e conheceu desenvolvimentos dos mais fecundos, essa noção assumiu, ao longo do tempo, inflexões diversas, como veremos.

As origens da concepção freudiana de trauma psíquico

Foram dois os grandes temas em torno dos quais Freud, um médico apaixonado pelo estudo da neurologia, começou a desbravar os caminhos que o levariam à criação da psicanálise. A pesquisa sobre a histeria é o mais conhecido deles e o que mais tem sido explorado na literatura. Entretanto, o tema do trauma e de suas consequências para o psiquismo também esteve presente desde esses primeiros momentos do empreendimento teórico que desembocou na psicanálise.

O interesse por ambos os temas tem origem na experiência freudiana de quatro meses (de 1885 a 1886) na Salpêtrière, em Paris, propiciada por uma bolsa para estudar com Charcot, considerado o maior neurologista de seu tempo.

Ao enorme prestígio de Charcot se somava a grandiosidade da Salpêtrière, um impressionante conjunto de 45 edifícios em estilo do século XVII com belos jardins e uma igreja antiga, que, em suas mãos, se transformara num importante centro de pesquisa dedicado à ciência. As manifestações da histeria, os efeitos da sugestão hipnótica a que lá pôde assistir, assim como o ensino, a eloquência e a personalidade carismática do mestre, causaram tão forte impressão no jovem Freud que ele chegou a dar a seu filho, nascido quatro anos mais tarde, o nome de Charcot: Jean-Martin.

Freud foi tocado pela audácia e força com que Charcot repudiou tanto a opinião corrente entre os médicos de que os sintomas histéricos eram apenas simulações quanto a atitude de desprezo com a qual as histéricas eram recebidas e tratadas por eles. Jogando o peso de sua autoridade em favor da autenticidade e da objetividade dos fenômenos histéricos, Charcot, para seu jovem admirador, teria repetido o ato mítico de Pinel ao liberar das correntes os alienados de Bicêtre, o mesmo Pinel cujo retrato pendia na parede da sala de conferências da Salpêtrière.

No ensino de Charcot, os temas da histeria e do trauma já estavam entrelaçados. Sabia-se que lesões neurológicas não eram evidenciadas na histeria. Considerando haver uma grande semelhança entre os sintomas histéricos e os causados por lesões neurológicas anatômicas, Charcot defendia a ideia de que haveria na histeria uma lesão dinâmica que justificaria fisiologicamente os sintomas histéricos. Em sua concepção etiológica, o mestre de Freud creditava à herança familiar a principal causa da histeria. Nos pais ou outros ascendentes do histérico invariavelmente se encontrariam não necessariamente casos similares, mas casos de afecções nervosas de diversas ordens.

Ao lado da hereditariedade, que seria um solo fundamental para a eclosão da histeria, Charcot valorizava o que chamava de "agentes provocadores", fatores responsáveis por deslanchar os sintomas nos já hereditariamente predispostos. Ora, entre os possíveis agentes provocadores, o principal era o trauma. O trauma era tido como um choque acompanhado de emoções intensas. Seus efeitos seriam ainda mais poderosos em situações de esgotamento, quando o sistema nervoso está fragilizado por doenças ou outros fatores da vida.

É exatamente no período em que Freud vai pesquisar na Salpêtrière que Charcot começa a destacar a importância da histeria traumática. O grande neurologista foi o primeiro a questionar que a histeria fosse exclusivamente feminina. Ao estudar casos do que considerou histeria masculina, impressionou-se com o fato de que tais sintomas eram frequentemente desencadeados por traumas como acidentes de trabalho, brigas, acidentes ferroviários etc.

O termo "neurose traumática" havia sido introduzido por Oppenheim para designar perturbações nervosas que surgiam em consequência de catástrofes, como acidentes graves em linhas férreas. Esses transtornos já eram conhecidos e haviam sido batizados por Erichsen, em 1866, de *railway spine*. Os sintomas descritos como parte desse quadro, entre eles pesadelos recorrentes que reproduziam a tragédia, distúrbios motores e outros, pareceram a Charcot sintomas histéricos. Já Oppenheim argumentava que a histeria e a neurose traumática eram quadros distintos, uma vez que a última era acompanhada por dolorosos sentimentos depressivos, ausentes na histeria.

Freud foi, nessa época, um ardoroso defensor da posição de Charcot, mas, numa flexibilidade que lhe era característica, mais de uma década depois reveria tal posição e passaria a ver a neurose traumática como uma entidade nosológica independente da histeria.

Nos primórdios da psicanálise, portanto, trauma e histeria eram inseparáveis. Um dos importantes temas de pesquisa de Charcot eram as paralisias traumáticas, tomadas até então como resultantes de lesões no sistema nervoso causadas por acidentes. Charcot já havia estabelecido uma distinção entre as paralisias orgânicas e as histéricas, considerando que só nas orgânicas havia uma lesão anatômica, material, do sistema nervoso.

Freud dedicou um artigo para esmiuçar essa diferença. Nele mostra que, enquanto as paralisias orgânicas atingiam o corpo segundo a lógica do sistema nervoso, as paralisias histéricas obedeciam à concepção popular do que é o corpo e de como se dividem suas partes, e não à concepção científica dos neurologistas.

Recebendo três pacientes com monoplegia de um braço em consequência de trauma, Charcot havia mostrado que esses sintomas eram similares aos das paralisias histéricas e diferiam daqueles das paralisias orgânicas. Utilizando a sugestão hipnótica, teve sucesso em obter paralisias idênticas tanto às paralisias histéricas espontâneas quanto às paralisias traumáticas desses três pacientes.

A importância do trauma na gênese das paralisias não-orgânicas foi também demonstrada pelo neurologista através da sugestão pós-hipnótica. Escolhendo pacientes sugestionáveis, Charcot lhes ordenou que, quando acordados, ao levarem um golpe nas costas, um de seus braços se paralisaria. O resultado foi que a paralisia assim obtida tinha as mesmas características das paralisias pós-traumáticas espontâneas.

Nem sempre uma sugestão verbal hipnótica era necessária para obter esse efeito; em certos indivíduos apenas o golpe nas costas era suficiente para provocar a paralisia. Considerando que a gênese traumática do sintoma estava assim comprovada, Charcot concluiu que a formação de sintomas traumáticos dependia de um "estado hipnoide", ou seja, um estado espontâneo semelhante ao de hipnose, em que certas pessoas recairiam espontaneamente devido à disposição constitucional, muito favorável à autossugestão.

As experiências com hipnose mostraram que a chamada sugestão pós-hipnótica, ou seja, emitida durante o estado hipnótico, era capaz de ter efeitos mesmo depois do despertar. A ordem dada durante o transe hipnótico não era rememorada, mas o paciente obedecia a ela. Se perguntado por que fizera aquilo que lhe havia sido ordenado sob hipnose, ele não se lembrava de sugestão alguma e surgia com uma explicação qualquer, como que tirada da algibeira.

Que interpretação deu Charcot a esse fenômeno? Em 1885 dirá que, em consequência da sugestão hipnótica, certas ideias se depositam na mente como "parasitas", isoladas das outras ideias, estas acessíveis à consciência. Embora não pudessem se tornar conscientes, as ideias-parasitas preservavam o poder de se expressar de forma motora.

Como conseguiu obter, através da hipnose, sintomas idênticos aos da histeria desencadeada por um trauma, Charcot enuncia nessa mesma época que esses sintomas também eram influenciados por fatores de ordem psíquica, pois dependiam de ideias — a ideia de paralisia ou a ideia de anestesia, por exemplo. Assim como uma ideia poderia, por intermédio da hipnose, provocar um sintoma similar ao sintoma histérico, o trauma, por si só, poderia induzir uma ideia relativa à impotência funcional. Por força de um estado anômalo, provocado pelo choque, essa ideia poderia encontrar recursos para se realizar no organismo como uma "ideia fixa".

A influência desse pensamento nas origens da psicanálise foi decisiva, já que tanto o estado hipnoide como a ideia dissociada e o trauma estarão presentes nos primeiros trabalhos originados das pesquisas de Freud e Breuer, publicados a partir de 1893.

O afeto estrangulado

Os histéricos se curavam de seus sintomas, segundo a primeira teoria de Breuer e Freud, ao recordarem e relatarem, sob transe hipnótico espontâneo ou induzido pelo doutor, um evento traumático que ocorrera em suas vidas. Esse método de tratamento, chamado *método catártico*, originou-se do atendimento, pelo dr. Breuer, de uma paciente que ficou conhecida como Anna O. Breuer era um médico renomado, professor e amigo de Freud, a quem este devotava grande admiração.

Anna O., uma jovem viva e inteligente, havia sido encaminhada ao dr. Breuer porque apresentava um extenso repertório de sintomas, que incluíam paralisias motoras, inibições, distúrbios de consciência e alucinações, surgidos numa época em que se dedicava a cuidar do pai doente. Ela entrava espontaneamente em estados anômalos de consciência, que lembravam os de uma pessoa hipnotizada, e relatava fatos de sua vida. Nesses momentos, expressava emoções e pensamentos aos quais não tinha acesso habitualmente, e isso sempre resultava numa sensível melhora de seu estado: seus sintomas subitamente se atenuavam. Breuer passou a hipnotizá-la para favorecer esses relatos que pareciam aliviá-la de seus padecimentos e, assim, inventou uma nova forma de tratamento.

Por iniciativa de Freud esse caso relatado por Breuer, ocorrido havia dez anos, foi retomado pelos dois autores. Freud e Breuer resolveram publicar juntos suas observações sobre ele, assim como elaborações teóricas que dele puderam generalizar sobre os sintomas histéricos e os motivos para que os relatos sob hipnose produzissem melhoras. Isso foi feito no artigo "Sobre o mecanismo psíquico dos fenômenos histéricos", de 1893, e no livro *Estudos sobre a histeria*, de 1895, nos quais apresentam uma teoria para dar conta dessa descoberta clínica.

A construção apresentada pelos dois amigos é a seguinte: um fato traumático acontece na vida do histérico e sua lembrança é dissociada do conjunto de suas memórias, formando um segundo grupo psíquico. Tal fato, quando ocorreu, foi de modo a provocar emoções muito intensas, como a raiva, a vergonha ou a angústia; mas como essas emoções não puderam ser expressas no momento certo de forma normal, as ideias que compunham a memória do fato ficaram dissociadas do conjunto das outras ideias. A partir daí, a ideia dissociada, carregando um "afeto estrangulado", passa a agir como um corpo estranho no psiquismo, provocando expressões de emoções anômalas como as que se manifestavam no ataque histérico. Só quando a memória do trauma volta a se integrar ao conjunto das memórias e a dissociação é desfeita, a lembrança do trauma vem à consciência e essas emoções podem ser expressas de forma adequada. Ao afirmar que os histéricos sofriam de reminiscências, era a essas memórias dissociadas e carregadas de afeto que Freud estava se referindo.

É importante assinalar aqui que o trauma psíquico, para Freud e Breuer, não designava simplesmente um acontecimento, mas a ocasião em que uma determinada ideia se tornou patogênica, ou seja, a ocasião em que houve a cisão psíquica com a consequente formação de um corpo estranho no psiquismo.

A teoria inicial que sustentava o método catártico pode ser considerada como pré-psicanalítica, se escolhermos como critério para marcar o advento da psicanálise o surgimento da hipótese do inconsciente. Nessas primeiras elaborações teóricas, já eram admitidas ideias inconscientes que se expressavam no sintoma, mas é como se elas só existissem nos casos de histeria ou de outros quadros psicopatológicos, e não na vida de todos nós, como Freud proporá posteriormente.

Quanto à teoria da dissociação e do afeto estrangulado, Freud e Breuer estavam de acordo. Mas uma diferença de opinião entre eles já se fazia sentir, mesmo quando ainda escreviam juntos. A questão que, desde o início, provocou divergências entre os autores foi a seguinte: por que motivo a memória do trauma era dissociada? A pergunta fazia todo o sentido, já que muitos têm experiências traumáticas, mas apenas alguns desenvolvem sintomas histéricos...

Breuer, um médico muitíssimo respeitado, mais velho e conservador do que Freud, preferia a hipótese de que a memória do trauma havia sido dissociada porque o evento ocorrera durante um "estado hipnoide", tal como aquele do qual falara Charcot. A predisposição aos estados hipnoides seria constitucional e, neles, a capacidade de associação entre ideias, assim como a reação aos acontecimentos, estaria prejudicada. Na eventualidade de algum acontecimento traumático ocorrer durante a vigência de um estado hipnoide, sua lembrança seria dissociada.

Freud, que já começava a se afastar da medicina e da neurofisiologia, por outro lado, deu preferência a outra hipótese para explicar por que o trauma originava uma patologia histérica. Para ele, a memória do acontecimento traumático era dissociada porque provocava angústia, na medida em que entrava em conflito com ideais ou desejos importantes para aquela pessoa. A dissociação obedecia, assim, ao propósito de defender o sujeito de um conflito psíquico. A histeria que se originava dessa forma, chamada de histeria de defesa, teria uma causa totalmente psicológica. A causa seria o *conflito psíquico*, e esse viria ocupar, daí por diante, um lugar central na teoria freudiana.

Trauma sexual

Desde que começara a empregar o método catártico para tratar de seus pacientes, lutando, como confessou, contra seu parco talento para hipnotizar, Freud esbarrava, com grande frequência, em pensamentos de seus pacientes que envolviam temas sexuais e remontavam ao período da infância. Na Viena do final do século XIX, em que a repressão do sexual, especialmente na educação das moças, era muito severa, os acontecimentos traumáticos que geravam conflito psíquico eram, compreensivelmente, de ordem sexual. As clientes que Freud atentamente ouvia falavam, sobretudo, de temas sexuais. Isso levará Freud, em 1896, a caracterizar o trauma psíquico que estaria na origem da neurose como um trauma sexual precoce: a sedução da criança por um adulto.

A colaboração entre Freud e Breuer terminará por se dissolver: Breuer não queria mais saber das chocantes histórias de abusos sexuais que os histéricos teriam sofrido na infância. Os abusos sexuais que teriam sido infligidos às crianças por adultos, às vezes até mesmo por seus próprios pais, eram um tema que não lhe agradava, e Breuer não estava sozinho nessa aversão. As hipóteses de Freud e a falta de hipocrisia com que abordou a sexualidade sofreram grande rejeição nos meios científicos. Mas Freud não recuou de sua intuição. Para ele, os traumas recentes só seriam suficientes para desencadear uma neurose graças às suas relações associativas com o trauma verdadeiramente patogênico, o sexual.

Entretanto, quanto mais o psicanalista procurava por esse trauma e apostava em sua rememoração, mais ele parecia recuar para um passado mais e mais distante e a busca parecia nunca chegar ao fim. Assim, a importância da infância na determinação do psiquismo adulto, uma intuição fundamental da psicanálise, fazia sua primeira aparição na teoria do trauma sexual.

Uma nova temporalidade

Muitas vezes os sintomas neuróticos surgem apenas na idade adulta, a partir de uma situação de vida específica, como vimos no caso de Anna O., que adoeceu em face da doença do pai. Como então defender a importância de um trauma sexual tão anterior?

Para dar conta da observação clínica e conseguir interligar sexualidade e infância, algo tão inconcebível àquele tempo, Freud introduz uma nova noção, a noção de *Nachträglichkeit* — que se costuma traduzir como "a posteriori" ou "só depois" —, da qual se utilizou em todas as etapas de seu empreendimento teórico.

Como poderia uma criança supostamente ainda alheia à sexualidade tomar um movimento sedutor do adulto como sexual, de forma a que a cena viesse a se constituir, para ela, como um trauma psíquico? Se a criança era, naquela época, concebida como sendo indiferente à sexualidade, a atitude do adulto não deveria ter, para ela, qualquer coloração sexual, não devendo provocar, nesse caso, conflito psíquico.

Presente já em textos de 1895, a noção de *Nachträglichkeit* significava o movimento pelo qual a memória da sedução, que não adquirira valor traumático na hora do acontecimento, se tornava traumática após a puberdade. Portanto, a sedução infantil não teria efeitos imediatos. Só depois, com o advento da sexualidade na puberdade, iria adquirir um sentido sexual e traumático, precipitando a defesa ou recalque. Mas, para que isso ocorresse, seria preciso um fato atual que, estabelecendo relações associativas com a cena inicial, deslanchasse a libido (energia de ordem sexual).

O pressuposto dessa hipótese inicial era que a maturação, fator de ordem biológica, se encarregaria de introduzir a sexualidade na vida do púbere; só então a memória poderia ser dotada de uma significação sexual, antes inexistente, e assim promover desejo sexual. Esse pressuposto foi rapidamente destronado com a descoberta da sexualidade infantil, mas a noção de "*Nachträglichkeit*" (eficácia "só depois" ou "a posteriori") conservou sua importância na teoria psicanalítica.

Lacan foi quem alertou para o valor dessa noção, e esta foi uma contribuição valiosa de sua parte, já que Strachey, na antiga e fundamental tradução dos textos freudianos para o inglês, traduziu *Nachträglichkeit* como *deferred action*, mas não o fez de modo rigoroso nem sistemático: o termo alemão acabou sendo traduzido de formas diversas em diferentes contextos e artigos. Essa oscilação na tradução obscureceu o fato de que, no original da obra freudiana, o termo aparece com grande frequência e de forma consistente o bastante para que fique caracterizado o valor conceitual que Freud lhe atribuía, inapreensível para o leitor das traduções.

A ideia da temporalidade *a posteriori* representa uma concepção de causalidade diversa da tradicional, que prevê uma ação linear do passado sobre o presente. Ela indica que, a cada momento, o presente se associa ao passado e transforma a sua significação. Embora tenha sido introduzida nesse momento precoce da elaboração da teoria psicanalítica, essa noção de temporalidade será conservada ao longo de toda a obra freudiana e ainda é fundamental, nos dias de hoje, na psicanálise.

A fecundidade dessa ideia não se faz sentir apenas na psicanálise, mas na própria história como campo de saber. O que Freud antecipa é que não pode haver uma coincidência entre discurso histórico e acontecimento passado, de vez que as ideias, os desejos e os interesses do presente sempre influenciam a reconstrução do passado. Os historiadores atualmente também admitem que todo relato histórico está determinado por crenças, ideologias e interesses do presente, o que torna impossível presumir que o relato histórico seja um retrato fiel do que ocorreu.

A partir das indicações de Lacan, cujo seminário frequentavam, Laplanche e Pontalis concluíram que *deferred action* não é uma boa tradução para *Nachträglichkeit* porque sugere que o evento passado só exerce seu efeito causal depois de um adiamento, interpretação da qual discordavam. Ambos acreditavam que o que se dá é uma determinação retroativa do presente sobre o passado.

Entretanto, não é necessário atribuir, como esses autores, uma direção ao mecanismo causal que produziria o sintoma, quer progressivo, quer retroativo. A temporalidade "só depois" ou "a posteriori" situa os sintomas como produções que se dão na interseção entre presente e passado, como cristalizações pontuais em que as experiências recentes e infantis se encontram a partir de alguma analogia ou ponte.

Do trauma da sedução à fantasia

Vimos como o trauma, enquanto sedução sexual da criança pelo adulto, foi, nos primórdios da psicanálise, encarado como o fator etiológico primordial em ação na psicogênese das neuroses. Todavia, embora nunca tenha desistido da importância da sexualidade na gênese dos transtornos psíquicos, Freud não levou muito tempo para colocar a realidade da sedução traumática em questão. Numa famosa carta que escreveu a Fliess em 21 de setembro de 1897, voltou atrás em sua posição.

Os motivos que alegou foram dois. Primeiro, os relativos insucessos em sua clínica: a decepção repetida de sua expectativa de levar, pelo menos, um tratamento psicanalítico até o que considerava uma verdadeira conclusão. O segundo motivo foi a frequência dos casos de histeria. Partindo do raciocínio de que, caso sua hipótese da sedução sexual fosse verdadeira, haveria um número muito maior de pais perversos do que de histéricos — já que nem todos os que tivessem sofrido abusos iriam obrigatoriamente desenvolver histeria —, Freud concluiu ser impossível que a quase totalidade dos pais fosse pervertida. Se persistisse na opinião inicial, teria que admitir que até mesmo seu próprio pai fora perverso, já que identificava sintomas histéricos em seus irmãos e em si mesmo.

Desse "fracasso" da teoria da sedução despontarão achados fundamentais para a teoria psicanalítica. Uma vez que os temas sexuais envolvendo os pais surgiam tão frequentemente nas falas dos pacientes, Freud concluiu que isso se devia a fantasias, que são expressão de desejos. Contrariamente ao que se pensava na época, deduziu que devia haver uma sexualidade na infância dirigida primordialmente para os pais, primeiros objetos de afeto e desejo da criança.

É, portanto, no momento da topada que a teoria psicanalítica encontra um solo verdadeiramente seu e a especificidade da psicanálise é circunscrita. Ao colocar em dúvida que cenas de sedução, relatadas pelo analisando ou reconstruídas pelo doutor a partir de indícios, realmente tivessem sempre ocorrido, Freud chega a uma surpreendente conclusão e transforma o que poderia ser um impasse numa abertura para o campo da psicanálise. Sua conclusão é que o inconsciente funciona de forma tal que é impossível distinguir a verdade da ficção investida de afeto.

O trabalho analítico mostrara que as associações do analisando tomavam uma direção recorrente. Este começava a falar de temas relativos a seus sintomas e terminava chegando a cenas sexuais infantis em que a libido, que seria a energia psíquica de ordem sexual, teria se fixado, e essas cenas estariam na raiz dos sintomas. A partir da mudança de enfoque, Freud irá considerar que, nas cenas construídas ou lembradas na análise, não é possível distinguir o que são memórias de acontecimentos reais e o que é fantasia. Conclui, finalmente, que isso é verdadeiro para qualquer lembrança consciente, que resultará sempre de uma combinação de acontecimentos ocorridos e fantasia.

Em vez de ficar desanimado com a impossibilidade de separar "o joio do trigo", Freud enunciará, a partir dessa observação, uma recomendação metodológica fundamental para o psicanalista: a de que este deve equacionar realidade e fantasia abandonando qualquer preocupação de avaliar se os acontecimentos infantis relatados por seu analisando são realidade ou fantasia. Qualquer relato tem articulação com a fantasia e o desejo, e o que importa é o fato de que as fantasias possuem uma realidade psíquica, em contraste com a realidade material, e devem ser seriamente consideradas porque possuem uma importância particular no mundo das neuroses.

Assim como os historiadores não podem abandonar os mitos que, embora não se situem na ordem dos acontecimentos, têm eficácia na história de um determinado povo, a psicanálise precisa levar em conta o que tem valor de realidade para um sujeito. A convicção é indissociável do desejo e determinará os caminhos de uma vida.

Isso não significa abandonar a realidade material. Freud não renunciou à ideia de que existe na fantasia um substrato formado da memória de experiências infantis que tiveram influência na constituição do psiquismo e nas fixações da libido. Entretanto, essas primeiras vivências não são passíveis de rememoração.

As primeiras experiências com as figuras parentais são tão fundamentais para o resto de nossas vidas que, em seu último livro, Freud dirá que "a criança é o pai do adulto" para mostrar que tudo o que o homem será foi delineado na infância, nas primeiras relações com os que dele cuidaram. Mas disso ninguém pode se recordar. As fantasias vêm recobrir os acontecimentos da infância da mesma forma como as sociedades constroem lendas que preenchem o lugar de sua pré-história esquecida.

Até os dias atuais, muitas discussões têm sido suscitadas por essa virada teórica. Primeiramente, nos textos de Freud que historiam a psicanálise, ao relatar sua surpresa quando descobre que as supostas seduções sexuais nem sempre teriam acontecido efetivamente, o psicanalista fala como se seus pacientes recordassem e contassem, em análise, seduções sexuais ocorridas na infância. Já a leitura dos casos clínicos da mesma época mostra que, na verdade, as seduções supostamente ocorridas eram, na realidade, inferidas por ele, tanto a partir dos sintomas quanto das associações. Ou seja, não seriam relatos dos pacientes e, sim, construções do próprio Freud. Como um calcanhar-de-aquiles, esse fato propiciou ataques recorrentes à psicanálise e a seu fundador.

Masson foi o precursor do movimento dos "Freud *bashers*", que é como os detratores de Freud foram chamados nos países de língua inglesa, onde o movimento de repúdio à psicanálise atingiu grande força. Esse autor baseou seus ataques na ideia de que Freud teria recuado covardemente de sua primeira teoria mesmo estando a par da vasta documentação existente na Salpêtrière, que provava a frequência com que se davam abusos sexuais de crianças por parte de adultos. A razão para o recuo da teoria da sedução, segundo esse crítico, teria sido a conveniência. Freud teria evitado o constrangimento que a antiga teoria causava a seus pares, assim como a oposição e hostilidade que ela provocava, ameaçando seu bom nome na comunidade científica.

A leitura que esse autor faz dos textos de Freud, entretanto, padece de uma óbvia superficialidade. A promoção da realidade psíquica a campo próprio da psicanálise não significa restringir esse campo a fantasias, apagando-se os fatos. Mesmo nos casos em que efetivamente tenha ocorrido uma sedução infantil, o elemento de fantasia estará presente e não poderá ser desconsiderado.

A introdução da noção de realidade psíquica na concepção do que seja o mecanismo dos sintomas histéricos não equivale a invalidar a presença de acontecimentos traumáticos na gênese dos distúrbios neuróticos, mas, sim, concebê-los dentro de um esquema mais complexo. Freud passa a acreditar que os sintomas não são simples derivativos de memórias recalcadas da infância, uma vez que, entre os sintomas e as impressões infantis, estão inseridas as fantasias do analisando: suas memórias imaginárias. Essas memórias, construídas "só depois", mas mantendo elos com os traços dos acontecimentos da infância, é que dão origem aos sintomas. Assim, depois que as fantasias histéricas foram levadas em conta é que a textura da neurose e sua relação com a vida do paciente tornaram-se mais claramente inteligíveis para Freud.

Ao dotar as cenas de sedução, construídas em análise, de realidade psíquica, Freud não as caracterizou como meras fantasias; apenas descartou um realismo simplista. No entanto, o trauma da sedução sexual pelo adulto, que ocupou a posição de fator etiológico fundamental nas neuroses até 1897, quando perdeu algum espaço para a fantasia e a sexualidade infantil, nunca desapareceu da psicanálise. Na obra de alguns analistas e teóricos importantes, ele reaparece não apenas como trauma conjuntural, como seria no caso do abuso sexual da criança, mas também como trauma necessário, que comparece na própria estruturação de toda subjetividade, que é a entrada na ordem da sexualidade.

A teoria de Laplanche da *sedução generalizada* é uma dessas novas versões do trauma da sedução sexual. Esse psicanalista valoriza certas indicações de Freud de que, ao cuidar de seu bebê, a mãe necessariamente lhe prodigaliza toques e carícias que assumirão, para ele, o papel de uma sedução, de vez que instigam seu despertar para a dimensão da sexualidade.

Mas, bem antes disso, Ferenczi, companheiro dileto de Freud e analista de grande sensibilidade clínica e de produção teórica rica e original, já havia, ao final de sua vida e obra, recuperado a ideia de sedução sexual tal como concebida por Freud nos primórdios da psicanálise. No famoso artigo tardio "Confusão de línguas entre os adultos e a criança", busca destacar o papel da realidade externa face à fantasia. Em sua opinião, os fatores traumáticos na gênese da neurose não estavam sendo suficientemente valorizados em consequência da ênfase no mundo interno e na fantasia. Propõe então considerar como traumática a ação dos adultos sobre a criança. Embora evite uma explicação unificadora das psicopatologias, destaca a atitude do adulto que cuida da criança como sendo de fundamental importância na etiologia das neuroses e psicoses.

Retomando as primeiras teorias de Freud sobre a sedução sexual sofrida passivamente, Ferenczi propõe uma extensão do conceito de trauma sexual. Atentando especialmente para as consequências dos *traumas precoces*, insiste na frequência e na realidade de violências sexuais por parte do adulto. Mas não é apenas essa violência que, para ele, caracteriza o trauma. Este se comporia, necessariamente, de dois elementos. Primeiramente, o adulto responde com a linguagem da paixão à linguagem infantil da ternura. Além disso, é um fator fundamental no trauma que o adulto negue o ocorrido. A resposta da criança a essa situação traumática é o que Ferenczi chama de "introjetar" o adulto agressor, ou seja, identificar-se com ele.

Ferenczi recomenda, enfaticamente, que o analista atente para não repetir a situação original, desmentindo o trauma, mas que o reconheça para que sua elaboração se torne possível.

Complexo de Édipo e sexualidade infantil

Sabemos que Freud tomou o complexo de Édipo como estrutura fundamental na constituição do psiquismo. E é na sua articulação com a concepção do que é a sexualidade infantil que o alcance do complexo de Édipo se esclarece.

Vimos como a ideia da sexualidade infantil encontrou oposição na época de seu surgimento entre os médicos e os pesquisadores da neurologia. Coutinho Jorge mostra como, de forma diversa, continua a encontrar hoje em dia. A maior razão para isso é a confusão que se faz entre o conceito de sexualidade como elemento da teoria psicanalítica e a noção de sexualidade no senso comum.

Freud insistiu no fato de que, na psicanálise, o sexual não é o mesmo que o genital. Na sexualidade do neném, por exemplo, os genitais não têm nenhuma relevância; é a região da boca e a atividade de sucção que adquirem importante valor erótico. Para além da fome, impõe-se o prazer erótico de sugar, que se revela na insistência com que os bebês chupam dedos, pontas de pano e chupetas.

A proposta freudiana amplia enormemente o âmbito do que seja a sexualidade, a tal ponto que considera que toda dedicação a atividades artísticas, à investigação científica e a obras culturais é sustentada pela pulsão sexual, quando essa toma o destino que denomina de sublimação.

As fantasias relatadas em análise indicavam a presença, já na criança, de laços de cunho sexual com seus pais ou aqueles que dela haviam cuidado, seus primeiros objetos de amor e modelo para os amores subsequentes. Reconstruindo, a partir das fantasias do adulto, a sexualidade infantil, Freud reconhecerá nela traços de erotismo oral, anal, uretral, escópico etc. Conclui então que a sexualidade infantil é composta do que chamará de "pulsões parciais". As pulsões não existem ao nascer. No nascimento, a criança possui apenas rudimentos de comportamentos instintivos, o saber inato e adaptativo de que os animais dispõem para satisfazer as necessidades biológicas. O neném pouco sabe, além de sugar quando o seio lhe é colocado à boca. A partir das interações com o adulto, geralmente a mãe que cuida, é que a criança vai tendo seu corpo erotizado e as pulsões vão se constituindo.

Vários elementos prazerosos que memorizou quando mamava — a maciez do seio, o cheiro do leite, a voz que escutou — são traços separados que deseja reencontrar. Entretanto, não sabe que fazem parte da mãe porque não tem ainda qualquer noção de que exista alguém que carregue esses objetos que deseja. A sexualidade infantil é composta de pulsões parciais polimorfas, conclui Freud.

O texto *princeps* sobre a sexualidade infantil, no qual o conceito de pulsão emerge, merece uma apresentação. De início, nele encontramos uma alentada revisão da literatura do século XIX sobre as perversões, que Freud pesquisou cuidadosamente e reproduz em linhas gerais. Os sexólogos nos quais se detém são Krafft-Ebing, Albert Moll, Moebius, Havelock Ellis, Schrenck-Notzing, Löwenfeld, Eulenburg, Bloch e Magnus Hirschfeld. São autores que empreenderam grandes compilações, descrições e classificações da variedade e bizarria do comportamento sexual. Depois de todo esse estudo, em que abundam as noções de aberração sexual, inversão e perversão, Freud expõe seu conceito de pulsão.

O que propõe é um verdadeiro giro subversivo em relação à noção de perversão. Ela era definida até então como anomalia, afastamento do normal. Freud afirma que a disposição às perversões está presente em todos os homens, e que a sexualidade infantil se compõe de pulsões polimorfas e perversas. A perversão vira a norma da sexualidade infantil, já que a sexualidade humana não possui normas que não sejam produtos da cultura. Porque fala e é um ser de cultura, o homem não se relaciona harmoniosamente com a natureza e não tem objetos que lhe sejam adequados.

A ideia de uma sexualidade infantil polimorfa e perversa só foi possível justamente porque o pensamento freudiano se recusou a considerar a sexualidade humana dentro do modelo do instinto sexual adaptativo e pré-formado, típico de certa espécie, e introduziu a indeterminação da pulsão no destino do sujeito humano.

Enquanto entre os animais os comportamentos são coerentes, repetem-se e são bem adaptados à vida na natureza, entre os homens nada disso ocorre. Nestes, as pulsões sexuais são um conglomerado de pulsões parciais, um conjunto extremamente flexível e plástico que será moldado pelas experiências da vida. Isso é o que permite sua grande capacidade de trocar de objetos e alvos, a tal ponto que se pode trocar um alvo diretamente sexual por outro psiquicamente relacionado a ele, na chamada sublimação, quando uma atividade artística ou intelectual assume o valor de satisfação pulsional.

É a cultura que organiza a sexualidade do homem. Por isso o romance familiar é um operador fundante da mesma. O complexo de Édipo, que é o amor devotado pelo filho à mãe e a rivalidade a que esse amor o conduz em relação ao pai, que é quem dispõe de certos favores da mãe que ao filho são interditados, passará a ser o complexo nuclear responsável pela organização das pulsões parciais polimorfas e perversas em uma ordem que é aquela preconizada pela cultura. Importante é ressalvar que essa organização é sempre precária, já que as pulsões parciais não podem ser inteiramente domadas.

O valor universal e central concedido a esse complexo se explicita na construção — descrita por Freud em *Totem e tabu* — do que Lacan considera o único mito moderno, que, como todo mito, aborda os fundamentos da cultura e da sociedade. No mito freudiano, o assassinato coletivo do pai da horda é o acontecimento inaugural da cultura. Vamos a ele.

A horda primitiva, segundo uma história que Freud encontra em Darwin, era submetida ao poder de um pai tirânico que fazia, de sua vontade, a lei. Esse pai, violento e ciumento, guardava para si todas as mulheres e, por ser o mais forte, expulsava os filhos quando estes cresciam. Um belo dia os filhos expulsos, motivados pelo ódio, perceberam que, reunindo-se e juntando suas forças, poderiam fazer face ao tirano. Assim, conseguiram assassinar e devorar o pai despótico, dando fim a essa horda patriarcal.

Nas tribos antropófagas, o costume é que os inimigos valorosos sejam devorados; e os covardes, desprezados. Isso porque nelas se acredita que comer o inimigo corajoso leva à incorporação de suas qualidades. Devorando o pai da horda, os filhos selaram sua identificação com esse pai invejado e poderoso e, assim, também entre si.

A refeição totêmica é uma comemoração desse ato criminoso e memorável que marca o advento da organização social, das restrições morais e das religiões. O remorso pelo assassinato do pai temido e odiado, que os alijava do poder e das satisfações sexuais, mas que também era amado e admirado, leva os irmãos à idealização do pai, que é instituído como totem: o venerado fundador do grupo. O parricídio é indispensável ao advento da cultura, porque é o remorso pelo assassinato do pai que funda a interdição do incesto e a do assassinato entre os irmãos, o que leva Freud à curiosa observação de que o pai morto se torna mais forte do que quando era vivo. A lei deixa de ser a vontade do pai onipotente e passa a resultar do acordo entre os irmãos, tornando-se uma lei simbólica à qual todos estão sujeitos.

O totem, animal que é escolhido como significante do grupo e do pai, é reverenciado como uma primeira versão de Deus e é o garante das prescrições morais.

A estrutura que o mito revela é a interdição de possuir para si a mãe e a de assassinar o rival. Em toda cultura, como mostra Lévi-Strauss, confirmando com suas pesquisas etnográficas a construção freudiana, há leis que preconizam com quem se pode ou se deve casar e com quem isso está vedado. Essas leis, inconscientes mas impositivas, constituem o fundamento da organização social. O drama de Édipo é o reflexo, em cada história singular, dessa estrutura que é parte da cultura, e a própria cultura se apoia em um trauma, o do assassinato do pai.

O trauma da castração

O trauma é contingente quando tomado um a um, mas há condições estruturais que o propiciam, e Freud reconhecerá que as experiências traumáticas são inevitáveis na existência de qualquer pessoa. As próprias condições de subjetivação do ser humano são responsáveis por isso.

Castração é o nome que o trauma foi tomando na obra freudiana. Freud chega a dizer, em seu último trabalho, que é no âmbito do conflito edípico que a criança, sob o impacto do complexo de castração, sofre o mais poderoso trauma de sua existência.

O tema da castração surge no contexto da apresentação do famoso caso clínico de Joãozinho, em 1909, e se articula ao complexo de Édipo, que Freud já havia descoberto não só no atendimento dos neuróticos mas, principalmente, em sua própria análise.

A análise de Joãozinho sucedeu de modo bastante peculiar, visto que o analista, Freud, só uma vez encontrou-se com ele ao longo do processo. O tratamento foi, em sua maior parte, conduzido por intermédio do pai do menino, o musicólogo e amigo de Freud Max Graf, que foi orientado pelo psicanalista.

Aos cinco anos de idade, Joãozinho sofria de fobia, um medo paralisante de cavalos, pois temia que o mordessem. Em meio a seu complexo de Édipo, muito enamorado da mãe, nutria sentimentos ambivalentes em relação ao pai. Ao mesmo tempo em que o amava, tomava-o como um estorvo, um rival que disputava com ele as atenções maternas e cujo desaparecimento inconscientemente desejava. O analista concluiu que Joãozinho havia feito um deslocamento de seus sentimentos em relação a seu pai para os cavalos. Ou seja, a hostilidade contra o pai e o consequente temor de retaliação (medo de que o pai o castrasse) haviam sido deslocados para os cavalos, justificando o pavor que esses animais lhe causavam.

Durante a análise, emerge o fato de que, quando tinha três anos, a mãe o encontra com a mão no pênis e ameaça chamar o doutor para cortar fora seu "faz-pipi". Essa ameaça teria sido o solo no qual se teria desenvolvido o complexo de castração, e que Freud já havia encontrado na análise de muitos pacientes neuróticos, conforme afirma na ocasião. Nesse momento, Freud atribui o complexo de castração não só ao grande valor que os meninos conferem a seu órgão como à circunstância de que muitos pais e amas costumavam ameaçar os pequenos de castração para reprimir seu interesse sexual e a prática da masturbação.

Mas essa perspectiva será gradativamente modificada. O que ocasiona a angústia de castração — Freud dirá posteriormente — não é a ameaça de castração ouvida, que é acidental, mas o fato de que inevitavelmente um dia a criança se depara com a percepção da diferença sexual: alguns são providos de pênis e outros não. Para Freud, essa percepção é, em si, traumática. Para o menino, traz de imediato a ameaça de ser castrado — se o falo falta a alguém é porque lhe foi retirado e, nesse caso, pode ser roubado de qualquer um. Para a menina, provoca o sentimento de inferioridade e de inveja daquilo que não lhe foi facultado.

A percepção da diferença sexual, por ser traumática, será recusada pela criança, o que se expressa em fantasias e em teorias infantis típicas. Essas teorias surgem a partir da curiosidade sexual, mas revelam a impossibilidade de a criança aceitar os óbvios sinais de que há uma diferença entre o homem e a mulher. A primeira dessas teorias é exatamente a de que todos os humanos, incluindo as mulheres, são fálicos. Como ignoram a vagina, para explicar o nascimento dos bebês as crianças teorizam que eles, como as fezes, são expelidos pelo ânus. Uma terceira teoria, explicação para algum sinal que a criança possa ter apreendido das relações sexuais entre os pais, é que se trata de um ato violento — a teoria sádica do coito. Por isso a primazia do falo, tomada como característica de uma fase da sexualidade infantil, implica que não existe a diferença sexual, mas que os seres humanos se dividem em fálicos e castrados.

Lacan valoriza essa construção e nela centraliza o impasse traumático por excelência, mas não reduz a primazia do falo a apenas uma etapa da organização sexual infantil. Enfatiza que não se pode reduzir o alcance da castração a algo que se ouviu, como a ameaça da mãe ou da babá. A angústia de castração não pode depender do anedótico, já que a representação da bipolaridade sexual é impossível. Este é, possivelmente, um dos sentidos de seu enunciado de que a mulher não existe.

Neuroses traumáticas — Nova versão do trauma

Vimos como, durante muitos anos, as construções teóricas da psicanálise giraram predominantemente em torno da sexualidade. Retratavam o que estava sendo constatado por meio do discurso e dos sintomas dos pacientes histéricos. Apesar do abandono do trauma sexual da sedução e o reconhecimento do papel dos desejos e das fantasias sexuais, não houve uma mudança nesse paradigma: estamos ainda em um período da psicanálise em que a questão central na clínica é a sexualidade, e a teoria reflete essa experiência.

Mas os acontecimentos históricos e políticos provocariam uma mudança que recolocaria o trauma como tema fundamental para os psicanalistas, ainda que em nova versão. A Primeira Guerra Mundial teve forte impacto tanto na vida dos psicanalistas pioneiros quanto em suas formulações teóricas. Muitos foram trabalhar nas forças combatentes, geralmente convocados como médicos. Outros, como Ernest Jones, residiam em território inimigo do império austro-húngaro, o que dificultava a comunicação entre eles.

Freud sentiu-se bastante isolado, além de apreensivo. Não abandonou o trabalho de construção teórica nem a clínica, que diminuiu sensivelmente durante a guerra, deixando-o em má situação financeira, mas lia com grande angústia as notícias dos jornais e se preocupava com os filhos que estavam no front.

Foi uma grande desilusão, para o fundador da psicanálise, observar as crueldades e injustiças cometidas por nações tidas como as mais civilizadas da Europa e o desrespeito pelas normas do direito internacional em que incorriam. Confessou seu sombrio estado de espírito a Lou Andreas-Salomé: "... a humanidade vai superar essa guerra também, mas tenho por certo que eu e meus contemporâneos não veremos mais o mundo com alegria. É vil demais." Surpreende que tenha continuado a produzir, escrevendo nesse período algumas das mais importantes obras psicanalíticas.

As neuroses de guerra, oriundas dos campos de batalha, despertaram nos analistas o interesse pela neurose traumática, um acontecimento que acabou por ter consequências importantes sobre a teoria do trauma e sobre a teoria psicanalítica de forma mais geral.

Ao final da guerra, em setembro de 1918, houve um congresso internacional de psicanalistas em Budapeste que foi o primeiro do gênero a contar com a presença de representantes oficiais de governos; no caso, dos governos austríaco, alemão e húngaro. A recepção calorosa oferecida pela cidade ao grupo é um marco na história da psicanálise. Essa assistência, esse calor e interesse resultaram de razões práticas. As neuroses de guerra tinham que ser levadas em conta nos cálculos militares, uma vez que os problemas emocionais interferiam gravemente no desempenho dos soldados.

Médicos que trabalhavam em hospitais militares queriam agora ouvir os psicanalistas por estarem encarregados dos combatentes que retornavam do front. Prestigiados pela primeira vez por esse público, os psicanalistas dedicaram um simpósio exclusivamente ao tema da neurose de guerra, que era, para Freud, uma neurose traumática como as outras, e nele apresentaram importantes trabalhos. Ficaram célebres os de Simmel, Abraham e Ferenczi, entre outros.

Também Freud, diante dos sintomas psicopatológicos aos quais tantos sucumbiram, tendo que abandonar os campos de batalha, retomou a reflexão sobre a neurose traumática. Dessa vez reconheceu que essa afecção não se confunde com a histeria, como acreditava na época de seus estudos com Charcot. Prova disso é que estabelece uma oposição entre as neuroses traumáticas e todas as outras neuroses a que a investigação analítica havia dedicado seus esforços até então — a histeria, a neurose obsessiva, a fobia — e às quais ele agora chamará de espontâneas.

Ele fora convocado, na condição de perito, a dar um parecer sobre o trabalho do psiquiatra Julius Wagner-Jauregg, acusado de haver aplicado choques elétricos em soldados afetados por neurose de guerra. Ao escrever seu relatório, Freud criticou o tratamento por meio de eletricidade e a ética dos que o aplicaram aos doentes. Rechaçou ainda a ideia de que os sintomas apresentados pelos soldados fossem mero fruto de simulação.

Os casos de neurose traumática de pós-guerra, diz Freud em 1916, resultam de uma fixação no momento do acidente traumático, que passará a ser reeditado nos sonhos e a ressurgir na forma de ataques que parecem transportar repetidamente o sujeito para a situação do trauma. Os sintomas mostram que é impossível superar o trauma. O mais característico e intrigante é o reviver repetido e quase alucinatório do acontecimento traumático, sintoma hoje chamado de *flashback* e que não é verdadeiramente alucinatório porque o sujeito sabe que o fato traumatizante não está ocorrendo novamente. O sentimento depressivo, o desânimo e a tristeza estão sempre presentes.

Esses sintomas embaraçaram o mestre vienense, levando-o a confessar que, diferentemente das neuroses espontâneas, com as quais a psicanálise estava à vontade na época, as neuroses traumáticas eram enigmáticas e não se integravam com facilidade na teoria das neuroses que já havia sido construída com sucesso para abordar histerias, fobias e neuroses obsessivas.

Freud, que havia tão ardorosamente defendido, contra Oppenheim e com Charcot, a ideia de que a neurose traumática seria, no fundo, meramente uma forma de histeria, volta atrás. Há uma modalidade de sofrimento de origem traumática, descobre o fundador da psicanálise, que se reveste de tons bem mais sombrios do que os do sofrimento histérico, ao qual a sexualidade empresta as cores da sedução, da curiosidade e da vivacidade.

Suas reflexões, fruto da perplexidade diante da selvageria que a humanidade havia se permitido durante a Primeira Guerra Mundial e diante dos impasses com os quais essa nova clínica o confronta, não cessam. No trabalho que apresentou no V Congresso Internacional de Psicanálise em Budapeste, publicado no ano seguinte, Freud admite, de saída, que a etiologia sexual está ausente nas neuroses de guerra, já que estas são desencadeadas por um perigo externo, enquanto nas neuroses de transferência o perigo provém das próprias pulsões.

Para explicar o porquê de tantos combatentes terem adoecido, levanta a hipótese de que os sintomas da neurose traumática resultam de uma cisão do eu, já que a situação de guerra favorece um conflito entre o "antigo eu pacífico" do jovem, em sua vida cotidiana, e o novo eu guerreiro, exigido pela situação de combate. Seguindo essa intuição do psicanalista, muitos autores atuais abordam os sintomas desencadeados por um trauma como fundados numa cisão do eu.

Na ânsia de unificar sua teoria, Freud afirma que o recalque, que é o mecanismo que constitui o inconsciente, é também resultante de trauma, ou seja, de uma neurose traumática elementar. Ao tomar o trauma como equivalente ao recalque originário fundador do inconsciente, Freud lhe dá um lugar estrutural, mas passa ao largo de esclarecer um problema que se apresentava a ele: explicar a sintomatologia específica da neurose traumática resultante de um trauma recente, uma sintomatologia que lhe dava a impressão de que para esses pacientes a situação traumática não terminava nunca, que eles ainda a estavam enfrentando como uma tarefa atual da qual não conseguiam dar conta.

A sintomatologia da neurose traumática não parecia, para Freud, tão fortemente determinada pelas experiências da infância como a das neuroses espontâneas. A própria morfologia de seus principais sintomas era bastante específica: a mera repetição da experiência traumática recente em sonhos, em recordações, em *flashbacks*, ou ainda em repetições ativas.

Enquanto os sintomas neuróticos eram considerados por Freud como ligados à sexualidade, já que a análise demonstrava que sempre apresentavam relações simbólicas com uma fantasia de desejo, os da neurose traumática apenas repetiam de forma muito literal, nada metafórica, aquele fato recente que caíra na vida do traumatizado como uma pedra em seu caminho e que não se tornava passado.

Os sintomas traumáticos resultam de acontecimentos da vida adulta, e a neurose que então se estabelece não parece encontrar antecedentes na vida pregressa. Embora eles não tenham com o infantil uma relação semelhante à que vigora nas neuroses espontâneas, é importante observar que o psiquismo do sujeito acometido de neurose traumática também é constituído a partir de suas experiências infantis, e que sua constituição é fundamental para se entender os efeitos do acontecimento traumático em sua vida.

Assim, não se pode prescindir de um solo constituído no passado como condição de possibilidade para se entender o efeito traumático de algum evento, já que o trauma não pode ser caracterizado exclusivamente pelo acontecimento. Mesmo a guerra, que tem se mostrado uma experiência traumática para tantos combatentes, não poderia sê-lo para todos, porque a organização psíquica de cada um é única, tendo sido constituída ao longo de uma história que é singular.

O trauma é, pois, o impacto de um acontecimento sobre um psiquismo singular, e o solo constituído pela história passada do sujeito na determinação do significado que esse acontecimento assume para ele não pode ser desconsiderado, seu mundo de fantasias deve ser levado em conta. Entretanto, são as experiências traumáticas recentes, que não se consegue assimilar nem esquecer, que são determinantes na constituição dos sintomas, até mesmo da forma que assumem de um reviver incessante.

As tentativas feitas pelo fundador da psicanálise de integrar os sintomas da neurose traumática à teoria psicanalítica das neuroses de que já se dispunha, relativa às neuroses espontâneas, como vimos, não tiveram resultados satisfatórios e mostraram-se insuficientes para preservar a teoria sem nela imprimir grandes modificações. O "valor falsificador" dos sintomas da neurose traumática, que é o valor que esses sintomas assumem ao indicarem pontos fracos da teoria, terá uma importante consequência: as reflexões que gerou determinaram uma reformulação fundamental na teoria freudiana, a partir de 1920, envolvendo a formação do que se convencionou chamar de segunda tópica freudiana.

Mas, antes de passar a essa profunda reformulação da teoria, que leva a noção de trauma para o centro dos interesses da psicanálise, vejamos algumas discussões sobre a neurose traumática e seu destino entre os pós-freudianos.

A partir da Segunda Guerra Mundial, quando a literatura psicanalítica se volta para a neurose traumática é para negar sua existência. Trata-se de um paradoxo que intriga: que, depois de um período de tantas catástrofes, durante o qual os sintomas desencadeados por experiências traumáticas adquiriram tamanha visibilidade, a reação dos psicanalistas seja a de negar a existência da neurose traumática.

O fato é que a maioria dos autores psicanalistas, passando por cima dos desafios que a neurose traumática representava para a teoria das neuroses — que Freud destacara com tanta clareza —, defendia que não há uma neurose específica produzida exclusivamente pela situação de guerra, ou seja, uma neurose traumática. A maioria considerava que as neuroses de guerra eram neuroses como todas as outras, com a única diferença que o fator desencadeante fora especialmente severo.

A ênfase não é colocada, por esses analistas, nas condições recentes tão adversas que, para tantos atingidos, resultaram em adoecimento psíquico, mas em vulnerabilidades antigas, forjadas por uma infância pouco favorecida em termos de relações com os pais.

Bettelheim foi um dos autores que apoiaram essa posição, o que provoca certa surpresa, visto que ele permaneceu durante um ano como prisioneiro nos campos de concentração de Dachau e Buchenwald. Embora tenha sido acometido por sintomas neuróticos depois dessa experiência, o analista tomou-os como indicadores de que sua análise havia sido incompleta.

Superestimando as possibilidades de sucesso da psicanálise, esses analistas parecem ter esquecido o lúcido comentário freudiano num trabalho tardio em que avalia o alcance da psicanálise no tratamento do sofrimento psíquico: o de que o tratamento psicanalítico não pode garantir a prevenção de adoecimentos futuros pela simples razão de que ninguém sabe o que a vida apresentará a cada um. A relutância dos analistas em admitir que a vulnerabilidade a acontecimentos desorganizadores não pode ser inteiramente superada possivelmente advinha do desejo de que a psicanálise imunizasse contra adoecimentos psíquicos no futuro, ilusão a que Freud nunca se rendeu.

Havia, então, duas posições diversas em relação à psicopatologia traumática. Alguns analistas enfatizavam a infância e as primeiras relações como o terreno onde se instalaria uma vulnerabilidade, considerando o trauma atual apenas como uma reativação do trauma infantil, enquanto outra corrente considerava que eventos desorganizadores podem dar origem a psicopatologias, já que todos possuem vulnerabilidades.

A experiência infantil é, para a psicanálise, estruturante do psiquismo; como tal, tem efeitos na determinação do que é traumático para cada um. Por outro lado, acontecimentos contingentes têm valor de determinação da patologia.

As ocasiões das catástrofes e das neuroses traumáticas em massa constituem o cenário privilegiado em que o reconhecimento da eficácia de fatores contingentes na determinação do adoecimento psíquico se impõe. Por outro lado, há certas condições que são universais e tornam o homem vulnerável ao trauma.

Se a neurose traumática trouxe o tema do trauma de volta à psicanálise, e em uma nova versão, a ampliação da teoria analítica que ela deslanchou foi no sentido de estender o alcance do traumático; este passa a vigorar não apenas no caso das neuroses traumáticas, sendo considerado também como uma virtualidade presente em todo psiquismo. Não se pode deixar de observar que a ideia, atualmente bastante difundida, de que as neuroses clássicas só raramente comparecem aos consultórios dos analistas hoje em dia — e que nesse sentido o legado de Freud nos deixaria a ver navios — não leva em conta o papel da neurose traumática como paradigma de uma reformulação da teoria que permite abordar as patologias em suas apresentações mais recorrentes atualmente. Vejamos a reformulação teórica que foi capitaneada pelas neuroses traumáticas e que contempla a importância do trauma e a tentativa de sua elaboração na atividade do psiquismo.

Do princípio de prazer à repetição — A segunda tópica

A modificação dos fundamentos da teoria freudiana, que teve a neurose traumática como pivô, foi de grande monta. Embora as novas contribuições não invalidassem o que havia sido estabelecido anteriormente, inseriram os antigos conceitos em uma nova rede teórica e toda a configuração se transformou.

Desde os primórdios da psicanálise, Freud partiu do pressuposto de que o psiquismo, em qualquer situação, busca encontrar e reencontrar o prazer e evitar o desprazer. Essa seria a tendência fundamental do psiquismo, e a ela Freud deu o nome de *princípio de prazer*.

A neurose traumática, com os sonhos traumáticos que a caracterizam, foi o primeiro fenômeno clínico que representou um problema para essa concepção. Embora o traumatizado não costume pensar no trauma em seu dia-a-dia e evite qualquer situação que possa evocá-lo, subitamente ele é assaltado por uma rememoração desse trauma de modo tão intenso e vívido que é quase equivalente a sofrê-lo novamente. Trata-se de uma memória que não se comporta como tal. Sabemos que a rememoração costuma ocorrer quando se precisa dela para alguma coisa; a memória é então evocada e depois deixada de lado. Já o reviver da situação traumática, nessa neurose, se estabelece de forma súbita e invasiva, quando menos se espera, interrompendo os pensamentos e as atividades a que se estava entregue e causando forte angústia.

A repetição incessante da experiência traumática e dolorosa nesse tipo de neurose, seja por rememorações vívidas, alucinações ou sonhos, terminará por convencer o mestre de Viena que não é sempre que o psiquismo busca obter o prazer e evitar o desprazer. Freud admitirá que há uma compulsão à repetição que também tem importante papel no psiquismo e que é anterior ao princípio de prazer. O psiquismo busca submeter seus processos ao princípio de prazer, mas nem sempre tem sucesso. Esse foi o início da grande reformulação teórica de que Freud se ocupou nos anos seguintes.

A repetição nos caminhos do sofrimento, entretanto, não se fez notar apenas pela sintomatologia da neurose traumática. Outras observações clínicas de Freud corroboraram essa constatação. Os sonhos traumáticos, em que uma experiência que gerou angústia torna-se o tema repetitivo da vida onírica, não estão presentes apenas na neurose traumática, podendo ocorrer na vida de qualquer um em determinadas épocas sem que isso, por si só, caracterize uma neurose traumática.

Por outro lado, o psicanalista observava como seus pacientes restauravam na transferência analítica, ou seja, na relação com seu analista, padrões de suas relações infantis com os pais que haviam sido profundamente desagradáveis. Mais que isso, às vezes eles se apegavam ao sofrimento ligado à neurose. Quando o tratamento analítico chegava a resultados que deveriam lhes proporcionar alguma melhora no quadro sintomático, os pacientes, parecendo recusar-se a conseguir algum alívio através do tratamento, entravam em uma fase de forte oposição à análise, interrompendo-a ou até piorando repentinamente de seus sintomas. Essa configuração foi nomeada por Freud de “reação terapêutica negativa”.

Ele julgou apreender, nesses casos, um intenso apego inconsciente ao sofrimento, uma vez que o padecimento a que os pacientes eram submetidos por seus sintomas neuróticos lhes parecia caro, algo que devia ser preservado. Freud conclui então que essas pessoas estão presas a uma necessidade inconsciente de castigo, e que o sofrimento proporcionado pelo sintoma alivia o sentimento inconsciente de culpa.

Entre os fenômenos que levaram ao questionamento da dominância absoluta do princípio de prazer no psiquismo, há ainda mais um que merece atenção: a compulsão de destino. Freud comenta que observara essa compulsão em pessoas que não estavam em análise. Talvez por isso não lhe tenha dedicado muitas páginas, já que não estava investigando esses fenômenos em sua clínica, sob transferência, e o método de investigação analítico, por excelência, é o próprio tratamento psicanalítico. A impressão causada por suas observações a esse respeito, entretanto, parece ter sido poderosa, já que a compulsão de destino foi escolhida como um caso-limite, um paradigma da compulsão à repetição.

O que é a compulsão de destino? A repetição incessante, na vida de alguém, de um mesmo acontecimento malvindo. A pessoa se sente perseguida por esse trágico destino que se repete, para sua surpresa, como se a maldição formulada por alguma bruxa, ou algum mau-olhado, pesasse sobre ela.

O termo usado por Freud foi *Schicksalzwang*, que significa "compulsão de destino". Posteriormente, a expressão "neurose de destino" prevaleceu nos meios psicanalíticos e poucos se dão conta de que Freud *não* falou de neurose, nesse caso. Pelo contrário, ele adverte que as pessoas que parecem perseguidas por um destino maligno são normais. Trata-se de pessoas que não apresentam sintomas neuróticos e cuja única característica estranha é serem assaltadas por uma má sorte que as leva sempre à mesma tragédia. Esse destino infeliz e repetitivo é a expressão da compulsão à repetição em sua face mais demoníaca.

Freud estabeleceu uma oposição entre uma repetição do destino que parece ativamente procurada e outra que parece ser vivida de uma forma completamente passiva. Assim, dividiu os "repetidores" em duas categorias.

Na primeira categoria encontram-se pessoas que obtêm um mesmo resultado em todas as suas diferentes relações e essa perpétua recorrência do mesmo é passível de ser relacionada a algum comportamento ativo, ou a algum traço de caráter que encontra expressão nessas experiências. Nessa categoria estaria aquela pessoa benfeitora e generosa que sempre se depara com a ingratidão de seus mais diferentes protegidos. Podemos imediatamente supor que se esconda, por trás dessa veia filantrópica, uma satisfação inconsciente em colocar-se, com suas dádivas, acima daqueles que as recebem, e que a ingratidão encontrada seja uma resposta a essa intenção que, embora inconsciente para o benfeitor, foi captada por seus protegidos.

No segundo caso, que é o mais surpreendente, é repetida uma experiência que parece ser passiva; aparentemente o sujeito não tem qualquer influência nessa repetição, que só pode ser atribuída ao destino. Aqui, o exemplo apresentado por Freud é o de uma mulher que por três vezes se casou e, nas três, o marido caiu doente logo após o casamento, tendo que ser cuidado por ela no leito de morte.

A distinção entre as pessoas em cujas vidas as reações são sempre repetidas incorrigivelmente, ainda que elas nunca tragam felicidade, e outras que parecem vítimas de um destino impiedoso e implacável, na verdade, só se sustenta em uma avaliação superficial. A diferença entre uma aparente atividade e uma aparente passividade frente ao destino é relativa, porque mesmo as grandes vítimas da recorrência perpétua do mesmo estão inadvertidamente trazendo esse destino para si próprias. A psicanálise mostra que esse destino é produzido por eles e determinado por influências infantis remotas.

Ao mesmo tempo em que a repetição — em especial a presente em certos sonhos, nos sintomas da neurose traumática, na reação terapêutica negativa e na compulsão de destino — pode ser tomada como o maior impasse ao tratamento psicanalítico, esses fenômenos povoam toda a análise que conduzimos e constituem a área própria para a intervenção psicanalítica. Pela irresistível atração pelo sofrimento que as caracteriza, essas manifestações clínicas foram o estopim para a maior reformulação da teoria freudiana, aquela que introduziu a segunda tópica e, no seio da nova teoria pulsional, a *pulsão de morte*, noção tão ambígua, controvertida e com frequência recusada, explicitamente ou não, pelos psicanalistas.

A tentativa de encontrar e reencontrar o prazer e de evitar o desprazer é uma tendência fundamental do psíquico, mas, às vezes, o que o domina é a compulsão à repetição, que empurra para a repetida atualização das mesmas vivências dolorosas. A compulsão à repetição é então tomada como algo mais básico no psiquismo do que o princípio de prazer, e como algo que responde justamente às situações traumáticas, dolorosas, causadoras de grande sofrimento.

A repetição pode ter duas faces. Às vezes parece simplesmente manter a experiência traumática como aquilo que nunca se esgota nem se modifica, jamais se tornando passado. Em outros casos, pode funcionar como um instrumento pelo qual as experiências traumáticas poderão vir a ser, gradativamente, integradas aos domínios do princípio de prazer.

A criança que viveu alguma experiência dolorosa, como uma cirurgia, passa a encenar e repetir essa situação em suas brincadeiras; dessa maneira busca transformar o que foi assustador em motivo de prazer. Ao invés de sofrer o desconforto passivamente, agora é ela quem está dirigindo, ativa, a cena que repete com seus brinquedos e amigos. Através da brincadeira, a sensação de perplexidade e desamparo que a tomou no momento da intervenção, quando não entendia o que estava ocorrendo e por que a faziam sofrer, é amenizada. Na repetição lúdica, ela pode ir bordando com palavras e capturando em pensamentos a experiência "perfurante", tornando-a menos disruptiva.

Os sonhos podem desempenhar essa mesma função; ao sonhar com o fato doloroso, se pode gradativamente integrá-lo melhor. Há casos, entretanto, em que a repetição do que aconteceu de pior é literal e, em vez de gradativamente submeter o vivido ao princípio de prazer, ela faz, a cada vez, a angústia se atualizar como no fato original. Como um disco quebrado que entoa sempre a mesma nota musical, aquilo de que menos se quer saber retorna como uma memória excessivamente vívida, ou como um sonho terrível que faz querer acordar e não mais dormir. As relações entre o trauma e o sonho são muito estreitas.

Sonhos traumáticos

Todas as coisas das quais se esquece, diz Elias Canetti, bradam por socorro nos sonhos. Hoje a articulação entre o sonho e os acontecimentos traumáticos é de conhecimento de muitos. Mas nem sempre foi assim. O próprio Freud levou muito tempo para descobrir que uma importantíssima função dos sonhos é lidar com aquilo que foi traumático para cada um.

Essa intuição ainda não estava inteiramente presente no livro *A interpretação dos sonhos*, de 1900, considerado pelo autor o texto inaugural da psicanálise. A teoria do sonho exposta nessa obra fundamental merece uma breve apresentação. Partindo do ponto de vista de que o sonho tem sentido, e que esse sentido pode ser recuperado pela interpretação, Freud vai compará-lo a um texto hieroglífico a ser decifrado. O que o trabalho de decifração do sonho termina por desvelar são pensamentos idênticos em natureza aos pensamentos de vigília, mas que se tornaram inconscientes porque se fizeram veículo de um desejo inconsciente.

Os desejos inconscientes são sempre originários da infância e se comportam como caminhos reiteradamente atravessados e indestrutíveis. Embora inconscientes, os desejos não ficam em silêncio e não deixam de exercer efeitos. Para isso, não podem se manifestar diretamente na consciência, devendo se ligar a pensamentos normais, de vigília, sob os quais se disfarçam ao mesmo tempo em que se revelam. O que isso significa é que nada podemos saber sobre esses desejos da vida infantil, senão de sua manifestação através da transferência para experiências atuais. É apenas aos pensamentos que resultam da transferência, chamados por Freud de formações substitutivas, que podemos ter acesso.

A necessidade de transferência é o que fundamenta o papel dos "restos diurnos" na elaboração de qualquer sonho, como um componente absolutamente necessário. Esse é o nome dado por Freud a memórias recentes, dos dias anteriores, que estão invariavelmente presentes em todo sonho. Os restos diurnos são tidos inicialmente como desimportantes em si mesmos, mas indispensáveis por constituírem o material utilizado pelo desejo infantil para se fazer representar e obter uma realização onírica. A ênfase fica colocada no passado, no desejo da primeira infância como motor do sonho.

Os pensamentos oníricos resultam dos restos diurnos dos quais o desejo inconsciente se apossou. Têm a estrutura de pensamentos intermediários, idênticos em estrutura aos pensamentos pré-conscientes, mas tornaram-se inconscientes por causa da transferência, para eles, do desejo inconsciente. É porque o desejo inconsciente só pode exercer efeitos transferindo sua intensidade para pensamentos do dia que se formam os pensamentos oníricos inconscientes, objeto do trabalho interpretativo.

Os desejos que a interpretação do sonho pode reconstruir são os pensamentos oníricos, e não o desejo inconsciente em sua forma fundamental. Só os desejos do sonho podem ser apreendidos pela interpretação; já o desejo inconsciente é, como tal, incognoscível.

A fórmula do sonho é que ele é uma realização cifrada de desejo. O desejo inconsciente incognoscível ou pulsão deve se apresentar no sonho sob a forma de uma fantasia de realização de desejo. O sonho não exibe o desejo como tal, e sim por meio de uma fantasia em que este surge como já realizado, embora só com a interpretação, que decifra o que foi cifrado pela censura, isso se torne evidente.

Ora, essa concepção não passou incólume pelo "teste" da neurose traumática. Os sonhos traumáticos exigiram, gritantemente, o abandono da ideia de um psiquismo governado exclusivamente pelo princípio de prazer. É inteiramente conflitante com a teoria do sonho como realização — mesmo deformada — de desejo a observação de que há sonhos que tendem a reconduzir o sonhador exatamente à terrível situação que lhe causou intensa angústia. Nesse caso, a função do sonho parece desviada em relação a seu objetivo habitual.

Já em *A interpretação dos sonhos*, Freud havia admitido que os sonhos de angústia constituíam um problema para sua teoria. Se o sonho é realização de desejo e visa propiciar o sono tranquilo, por que há sonhos que geram angústia, a tal ponto que despertam? Na época, Freud dá uma solução forçada, *ad hoc*, e diz que quando isso ocorre é porque houve uma falha do sonho em cumprir sua função.

Vinte anos depois, em 1920, sob o impacto que a neurose traumática havia exercido sobre ele, Freud não se contenta em tomar o sonho traumático como um fracasso no processo de formação do sonho. Conclui que os sonhos traumáticos obedecem ao propósito de recolocar a impressão traumática em cena, função primordial para o restabelecimento do princípio de prazer que foi paralisado pelo trauma. O objetivo de realização de desejo do sonho não é desmentido, mas deve dividir o terreno com uma nova função. A própria fonte ou causa do sonho passa a estar, em muitos casos, referida ao acontecimento traumático e não ao desejo. O desejo sempre fará sua intervenção na formação do sonho, mas muitas vezes apenas para tornar o trauma que o sonho encobre e apresenta mais palatável, sob as vestes da fantasia.

Trauma e angústia

Otto Rank, discípulo por muitos anos fiel a Freud, lançou em 1924 um livro que adquiriu importância na história da psicanálise: *Trauma do nascimento*. Contrariando seu passado de ortodoxia, Rank expõe uma ideia original e divergente do que estava sendo pensado pelo grupo freudiano. Para ele, a angústia de castração é deslanchada a cada experiência de separação e se reporta, fundamentalmente, ao grande trauma que é o nascimento. O livro foi mal recebido pelo círculo dos analistas freudianos, especialmente por Abraham. Eles alegavam que, com essa ideia, Rank estaria deixando em segundo plano tanto o complexo de Édipo quanto a função do pai na constituição do psiquismo.

A partir desse desafio, Freud apresenta, em *Inibições, sintomas e angústia*, uma vasta revisão da teoria psicanalítica sobre a angústia. Esse livro essencial mostra, como sugere Gay, o talento freudiano para tirar vantagem das perdas. No texto, as divergências com Rank são explicitadas com clareza. Freud recusa o papel central das impressões causadas pelo trauma do nascimento nas situações de angústia posteriores. Seu argumento é que desses primeiros momentos de vida não pode haver recordação; nem da paz intrauterina, nem do traumatismo do nascimento.

Para Rank, as fobias do escuro ou da solidão reativariam o trauma do nascimento. Freud discorda; considera que a criança não teve, ao nascer, a experiência de separar-se da mãe, visto que desconhecia inteiramente a existência dela como um outro ser.

A teoria da angústia que Freud apresenta no texto em que discute com Rank deve, entretanto, muito a esse autor e revela a importância concedida por Freud à sua contribuição. Inicialmente Freud supunha que a angústia era consequência do recalque das pulsões sexuais, uma forma de transformação da energia sexual que não havia sido descarregada por ausência de vida sexual. Na nova teoria da angústia, Freud avança dizendo que a angústia é anterior ao recalque, e que é a causa do mesmo. Recalca-se exatamente aquilo que provoca angústia, sejam pensamentos, desejos ou percepções. A angústia não é mais gêmea da sexualidade, mas sim do desamparo.

O infante nasce sem recursos para se prover e sobreviver, é extremamente dependente do adulto que cuida dele. A importância assumida pelo adulto, por serem seus cuidados indispensáveis para que a criança não sofra e não morra, é o solo sobre o qual se instaura a vivência de desamparo e de angústia cada vez que a mãe se afasta. Esse quadro justifica, para Freud, a grande necessidade de amor que acompanha o homem por toda a vida.

Tal como na proposta de Rank, a angústia passa a ser, para Freud, desencadeada pelo sentimento de desamparo, e a angústia de castração torna-se apenas uma de suas versões. Se não está excluída a possibilidade de originar-se de uma transformação da libido, a angústia, a partir de então, tem uma gênese autônoma e independente da sexualidade; é basicamente angústia de aniquilamento, de morte psíquica.

Se a criança depende para tudo de sua mãe, o desaparecimento dela é suficiente para mergulhá-la em intensa angústia. Tudo o que desagrada à mãe e poderia constituir uma ameaça de perda de seu amor também passa a ser motivo de angústia. Não é outra a razão que leva a criança a recalcar seus desejos ou pulsões quando pressente que esses poderiam desagradar a quem dela cuida.

Jones e Lacan trouxeram à luz uma nova faceta da angústia, mostrando que a morte psíquica é uma ameaça vinculada não apenas à perda do Outro ou de seu amor, mas também, paradoxalmente, à presença de seu desejo, já que este desejo ameaça reduzir o sujeito à posição de mero objeto.

Atualidade: PTSD

Para designar o que era chamado de neurose traumática, o DSM (Diagnostic and Statistical Manual of Mental Disorders), sistema classificatório de transtornos mentais internacional, produzido pela Associação Psiquiátrica Americana e hoje hegemônico, introduziu o quadro do transtorno pós-traumático (*post-traumatic stress disorders*), PTSD.

Incluído pelo manual entre os transtornos de angústia, o PTSD se caracteriza por advir após um evento traumático severo. Os traços que compõem esse transtorno são anestesia psíquica, expectativa angustiosa, irritabilidade, depressão, problemas do sono. Embora evitando qualquer pensamento ou circunstância que possa recordar o trauma, a pessoa o reviverá em sonhos, pesadelos ou memórias dolorosas.

Basta uma leitura rápida dos traços que compõem esse novo quadro para reconhecer que, grosso modo, já estavam presentes nas descrições que os neurologistas e psiquiatras davam da neurose traumática no século XIX, assim como nos trabalhos psicanalíticos sobre as neuroses de guerra do século XX.

A impressão de muitos é que o diagnóstico de PTSD, quadro clínico desencadeado por um acontecimento traumático, se torna cada vez mais frequente. As características da vida atual no Ocidente seriam especialmente propícias à ocorrência de traumas. Embora o trauma cruze a história da humanidade, porque doenças, desastres, acidentes sempre ocorreram e continuarão a existir, a violência está especialmente presente em determinadas épocas.

Um dos pensadores que consideram nossa época singularmente propícia à incidência de traumas é Rouanet, que propõe distinguir na modernidade dois períodos que qualifica de "traumatogênicos". O primeiro teria se dado entre 1914 e 1990 e foi marcado pelas duas Guerras Mundiais, pelas revoluções russa e chinesa, pela Guerra da Coreia e do Vietnã, pelo Holocausto e pelas bombas em Nagasaki e Hiroshima. O segundo teria começado no final da Guerra Fria e se prolongaria até os dias de hoje, caracterizando-se por fatores que derivam da globalização e do grande avanço da ciência e da tecnologia.

As guerras possuem atualmente um poder inédito de destruição; a criminalidade está cada vez mais globalizada; e o terrorismo, organizado em redes, pode manifestar-se em qualquer lugar do mundo. Aos fatores arrolados por Rouanet, podemos acrescentar o fato de que os veículos de comunicação de que dispomos nos apresentam, com a maior celeridade e riqueza de detalhes, desastres, guerras, violências e todo o sofrimento humano. Não são apenas os acontecimentos que efetivamente atingem alguém que são traumáticos, mas também as ocorrências terríveis das quais se é espectador. A fantasia de estarmos relativamente seguros é destruída por certos fatos que nos invadem pela TV, provocando uma sensação de vulnerabilidade. A exposição à informação pode tornar desnecessária a confrontação direta com as catástrofes para que se desenvolvam angústias e sintomas traumáticos.

A ampliação do estudo e da pesquisa sobre os transtornos pós-traumáticos (PTSD) nos dá uma boa medida da importância que o trauma adquire nas discussões atuais. Entretanto, entre a neurose traumática e o PTSD, não existe apenas uma diferença de nomenclatura, e esse é um ponto que merece atenção.

A forma como a categoria "PTSD" é encarada hoje tem relações estreitas com a própria filosofia que presidiu à elaboração dos sistemas classificatórios internacionais. Esses sistemas buscaram tornar uniformes os critérios de diagnóstico, que variavam muito de acordo com os lugares ou as concepções teóricas adotadas a respeito dos sintomas psicopatológicos. Para conseguir esse objetivo, buscou-se fazer uma boa descrição desses sintomas e seu agrupamento em quadros, abandonando-se qualquer preocupação teórica.

Segundo Mario Pereira, sob o manto da postura ateórica, as definições operacionais que compõem o DSM ou o CID (Classificação Internacional das Doenças, produzida pela Organização Mundial da Saúde) filiam-se a uma posição empirista e pragmática. Essa ideologia tem minado o papel da psicopatologia como a ciência que fundamenta as práticas psiquiátricas, assim como ignora as contribuições da psicanálise a uma psicopatologia na qual o sofrimento é abordado a partir de suas expressões singulares em cada sujeito.

O que resulta da hegemonia dos sistemas classificatórios é uma concepção naturalizada da psicopatologia em que as dimensões históricas, culturais, subjetivas e existenciais são ignoradas ou consideradas irrelevantes e a redução ao neurobiológico é tida como o ideal da abordagem científica.

A própria escolha do termo "transtorno" para designar as categorias diagnósticas do DSM já reflete essa opção, pois é um termo que não confere nenhuma especificidade ao quadro clínico que nomeia. O objetivo é apenas montar um instrumento nosográfico que privilegie a descrição mais objetiva possível dos quadros, deixando-se de lado a preocupação com a sua etiologia e com os mecanismos patogênicos.

O preço a ser pago por tal tomada de posição é o da renúncia a qualquer pronunciamento quanto à natureza dos distúrbios mentais, o que redunda em excluir do debate em torno do diagnóstico todas as disciplinas que tratam dos fenômenos psicopatológicos a partir de metodologias não-experimentais, entre as quais a psicanálise tem um lugar especial.

Para que não se perca a delicada tessitura das elaborações teóricas sobre o trauma psíquico produzidas pela psicanálise, é muito oportuna uma volta à neurose traumática e a todos os enigmas que ela gerou. A psicopatologia, como tantas vezes demonstrou o criador da psicanálise, é um território privilegiado para nos ensinar sobre o psíquico e o processo de subjetivação humano de forma geral, porque amplifica o que está presente na normalidade e, assim, nos chama a atenção para constelações normais a que não prestamos atenção habitualmente. Freud usa a bela metáfora do cristal, que, quando se quebra, não o faz aleatoriamente, mas expõe as linhas de fragilidade que, embora invisíveis, já estavam presentes em sua própria estrutura.

O que a neurose traumática oferece é uma lente através da qual enxergamos de forma ampliada algo que faz parte da "psicopatologia" da vida cotidiana. Como afirmam Nestrovski e Seligmann-Silva, cada um sobrevive como pode a uma dose diária de exposição traumática.

Trauma: estrutural e contingente

Lacan declara que o trauma constituinte do humano é o nascimento. Não o fato biológico, como na concepção de Rank, mas o nascimento para um meio que é o de linguagem. A linguagem preexiste à chegada de cada um ao mundo e demarca previamente os lugares e as posições que se poderá ocupar. O significante determina o sujeito, e é em posição de sujeição que ele será constituído pelo universo simbólico. Entretanto, embora ele emerja a partir do mergulho na rede significante, nem tudo pode ser assimilado pela "homeostase" psíquica regida pela linguagem. Há sempre algo que fica de fora e que o mestre francês chama de *real.*

O homem tem uma propensão para o trauma, resultante da cisão que a entrada no meio de linguagem lhe deixou como herança. A língua, como Saussure demonstrou, é um fato social, ou seja, é sempre coletiva e exterior aos indivíduos. O impacto dessa estrutura no infante é algo de alcance universal, constitutivo do humano e coercitivo, de vez que a língua coage os falantes a agirem e pensarem de certos modos, e não de outros.

O impacto da estrutura simbólica de linguagem é o trauma que constitui o sujeito como dividido, e a clínica psicanalítica é o campo privilegiado onde se apresentam as repercussões desse fato; entretanto, o aspecto contingente do trauma não pode ser esquecido.

É preciso levar em conta o caráter contingente e único de cada trauma e o efeito devastador com que certas irrupções do real incidem na vida de alguém. O encontro com o real, como aquilo que exclui o sujeito e não se articula a seu desejo, é o que geralmente leva alguém a procurar o tratamento psicanalítico.

Alguns olham com suspeita as considerações sobre o trauma no campo da psicanálise. Argumentam que a ênfase no tema pode representar um mero álibi, na medida em que valorizar um acontecimento inesperado e malvindo no adoecimento psíquico significaria descartar a responsabilidade do sujeito naquilo que lhe ocorre, o que seria um movimento contrário ao do tratamento analítico, que busca implicá-lo em seus sintomas e em seu destino.

Se as considerações estruturais nos dão parâmetros teóricos para pensar o trauma, limitar-se a elas, entretanto, pode estreitar nosso entendimento do que há de desorganizador em determinadas experiências, algo que só pode ser considerado adequadamente a partir da história e da configuração psíquica de cada sujeito. O contrário significaria reduzir sempre o inédito ao já dado.

Para abordar o impacto do evento contingente e desorganizador, o que é preciso ter em mente é que não é possível estabelecer uma correspondência biunívoca entre uma causa traumática, como as guerras e catástrofes, e suas consequências sintomáticas, pois, entre elas, interpõe-se o inconsciente.

A fantasia funciona como um anteparo ou tela que recobre e protege contra o real traumático. Quando se dedica a refletir sobre a estrutura da histeria, ainda no século XIX, Freud mostra a presença de cenas fantasísticas que têm a natureza de um embelezamento dos fatos. Além disso, considera que as fantasias transmitem um legado que é cultural, já que se compõem de coisas que foram vividas, que a própria pessoa testemunhou, e de outras que foram apenas ouvidas, as narrativas sobre a história passada dos pais e dos ancestrais.

O eu é necessariamente um biógrafo de si mesmo, e a narrativa que consegue forjar com esses restos do que foi vivido e do que foi ouvido é fundamental para a sua permanência ao longo das peripécias e traumas que a vida impõe.

A cultura oferece rituais e discursos que têm também uma função protetora. A morte, por exemplo, é cercada de rituais que atenuam a aspereza de uma experiência para a qual não há representações no inconsciente; muitas religiões, além de cercarem a morte de sentido, acenam com a vida eterna, como uma ilusão que contribui para abrandar as escarpas do real.

O discurso que preside valores, gostos e satisfações próprios a uma cultura, chamado por Colete Soller de discurso-tela, tal como um envelope protetor, provê de sentido e impõe uma ordem entre os sujeitos e o real, protegendo-os do real traumático. A eficácia do discurso ante a fragilidade frente ao real tem duas facetas: tanto funciona como tela quanto fornece vias para a satisfação pulsional.

O impacto do real é um encontro com algo que não tem correspondência no simbólico, que surge fora das coordenadas de toda e qualquer antecipação e se apresenta tanto nos maus encontros que atingem alguém em especial quanto nos grandes traumas coletivos.

O esbarrão com o real — que não obedece a qualquer lei, que escapa do necessário e da determinação e desarranja a homeostase significante — tem a importante função de romper com uma situação na qual o eu se reconhecia. Como tal, o acidente traumático é algo que impulsiona para a mudança, porque a desestruturação que promove na tessitura simbólica e imaginária do eu empurra o sujeito para um novo arranjo em que a construção de uma narrativa tem um papel fundamental.

O neurótico é menos aberto ao encontro inédito, já que utiliza a fantasia como uma trincheira para não ser surpreendido por algo que escape de sua rede inconsciente. Entretanto, ele certamente não é imune ao trauma, e talvez seja especialmente vulnerável a ele porque seu eu se quer coerente. O eu menos propício ao adoecimento seria aquele que consente e melhor convive com os danos em sua unidade.

As repercussões do trauma para o sujeito vão variar conforme o destino que ele dê a essa experiência. À falta de sentido que preside o impacto do trauma geralmente se responde com a tentativa de construir narrativas que tornem o acontecimento menos gratuito. Conhecemos, todos nós, histórias típicas que são construídas depois da morte de alguém querido. Sempre se suspeita de negligências médicas; medidas que poderiam ter sido tomadas para evitar esse desfecho vêm à mente; interpretam-se tarde demais sinais ou sonhos a que não se deu a atenção devida e que advertiam de que algo de trágico estava para ocorrer — se tivessem sido corretamente interpretados, esses avisos teriam permitido intervir a tempo.

Essas histórias geralmente atribuem a alguém culpa pelo acontecimento malvindo, quer como algoz, quer como apenas negligente. Muitas vezes a narrativa atribui culpa a quem a enunciou, o que lhe causa muito sofrimento. Apesar disso, economiza alguma angústia, porque diminui a sua vulnerabilidade ante o *nonsense* do real a que o trauma o expôs. É como se pensássemos: se todos os cuidados forem tomados, se todos os avisos forem ouvidos e registrados, daqui para a frente talvez não volte a ocorrer algo parecido.

Não há eu no nascimento, do ponto de vista do neném. Há um eu antecipado no discurso e nas fantasias dos pais em relação à criança que constitui um lugar marcado para ela na história daquela família. Esse eu antecipado terá grande eficácia na constituição de sua subjetividade e na determinação de seu destino. Mas a noção de eu só terá origem depois, e seu primeiro esboço é o advento de uma representação do próprio corpo, representação a ser investida como um objeto amoroso. O processo constituinte do eu são as identificações, que respondem inicialmente ao que é transmitido pelos pais.

Os processos de formação do eu são pontilhados pelos percalços que o sujeito enfrenta para conseguir o pouco de autonomia que lhe é possível em seu ser de linguagem. O surgimento e preservação do eu implica que ele seja seu próprio biógrafo, como demonstra Aulagnier, construindo uma história de identificações. É importante observar que não há um eu constituído de uma vez por todas. A vida que prossegue, o que se ouve dos outros, o peso do acaso na história de vida e os acontecimentos traumáticos instauram crises identificatórias e exigem o refazer periódico dessa história, a exclusão de partes dela, a invenção de outros capítulos, num trabalho nunca definitivamente estabelecido — uma verdadeira obra aberta. Essa obra aberta que é o eu permite ao sujeito aceitar as modificações físicas e psíquicas pelas quais deve passar, preservando certa crença na continuidade e no sentido de sua vida.

O tratamento psicanalítico de sintomas traumáticos graves não segue as mesmas vias que o das neuroses clássicas ou espontâneas. Não se trata de desvelar fantasias recalcadas que sustentam o sintoma em sua face de satisfação pulsional. Aqui, para barrar a exposição permanente ao trauma, corpo estranho que invadiu o psiquismo e recusa tornar-se passado, é preciso favorecer a reconstrução e o investimento das fantasias. A relação transferencial constituída com o analista deve se oferecer como um campo propício para que o analisando possa gradualmente tecê-las.

Referências e fontes

Introdução

O comentário de Anna Freud foi tirado do artigo "Comments on trauma", inserido no livro *Psychic Trauma* (Nova York, Basic Books, 1967, p.235-45), organizado por Sidney S. Furst.

As origens da concepção freudiana de trauma psíquico

Para desenvolver o pensamento de Jean-Martin Charcot e Hélène Oppenheim, baseei-me no livro *Génesis de los conceptos freudianos*, de Paul Bercherie (Buenos Aires, Paidós, 1996).

O afeto estrangulado

Os trabalhos de Sigmund Freud e Josef Breuer citados na p.15 estão no vol.2 da Edição Standard das *Obras completas de Sigmund Freud — ESB* (Rio de Janeiro, Imago, 1976).

Uma nova temporalidade

O texto freudiano em que aparece pela primeira vez a noção de *Nachträglichkeit* é "Projeto de uma psicologia científica" (*ESB*, vol.1, [1895]). Sobre a discussão de Jean Laplanche e Jean-Bertrand Pontalis a respeito de *Nachträglichkeit*, ver o verbete "Posterioridade, posterior, posteriormente" no livro dos mesmos autores *Vocabulário da psicanálise* (São Paulo, Martins Fontes, 2001).

Do trauma da sedução à fantasia

A carta de Freud a Wilhelm Fliess se encontra em *A correspondência completa de Sigmund Freud para Wilhelm Fliess*, de Jeffrey Moussaieff Masson (Rio de Janeiro, Imago, 1986, p.265). Freud diz que "a criança é o pai do adulto" em *Moisés e o monoteísmo: três ensaios* (*ESB*, vol.23, [1939]). O livro de J.M. Masson a que faço referência na p.26 é *Assalto à verdade* (Rio de Janeiro, José Olympio,1984).

A teoria da sedução generalizada de J. Laplanche encontra-se, sobretudo, em *Teoria da sedução generalizada e outros ensaios* (Porto Alegre, Artes Médicas, 1988). O artigo de Sándor Ferenczi "Confusão de línguas entre os adultos e a criança" está em *Escritos psicanalíticos 1909-1933* (Rio de Janeiro, Taurus/Timbre, 1988, p.347-56).

Complexo de Édipo e sexualidade infantil

O artigo de Marco Antonio Coutinho Jorge mencionado é "A teoria da sexualidade 100 anos depois" (*Psychê*, ano XI, n.20, 2007, p.29-46). *Totem e tabu*, publicado por Freud entre 1913-14, está no vol.13 da *ESB*.

O trauma da castração

O caso de Joãozinho é relatado com minúcias por Freud em "Análise de uma fobia em um menino de cinco anos" (*ESB*, vol.10).

Neuroses traumáticas — Nova versão do trauma

A citação da comunicação de Freud a Lou Andreas-Salomé está na carta de 25 de novembro de 1914 enviada a Göttingen, para Lou, e figura no livro de Lou Andreas-Salomé *Correspondance avec Sigmund Freud 1912-1936 suivie du journal d'une année 1912-1913* (Paris, Gallimard, [1958, 1966], 1970).

As informações sobre neuroses de guerra foram tiradas de: *Contribution à la psychanalyse des névroses de guerre* [1918], de Karl Abraham (http://www.megapsy.com/Textes/Abraham/blblio050.htm); "Dois tipos de neurose de guerra (histeria)", in S. Ferenczi, *Psicanálise II* (São Paulo, Martins Fontes, [1916], 1992, p.259-73); "Neurosis de guerra", de Ernest Simmel, in Franz Alexander, *Neurosis, sexualidad y psicoanalisis de hoy* (Buenos Aires, Paidós, 1958, p.59-93). Os relatos históricos registrados nas p.38 a 41 constam do *Dicionário de psicanálise*, de Elisabeth Roudinesco e Michel Plon (Rio de Janeiro, Jorge Zahar, 1998).

A importante e frequentemente despercebida distinção feita por Freud entre as neuroses traumáticas e as espontâneas está em "Conferência XVIII: fixação aos traumas. O inconsciente" (*ESB*, vol.16, [1917]). Seu trabalho apresentado no V Congresso Internacional de Psicanálise, em Budapeste, é "Introdução à psicanálise e às neuroses de guerra" (*ESB*, vol.17, Rio de Janeiro, Imago, [1919], 1976, p.257-70). O trabalho em que Bruno Bettelheim aborda neuroses de guerra é "Individual and mass behavior in extreme situations", in *Journal of Abnormal Psychology* (Washington, vol.38, 1943, p.417-52).

Do princípio de prazer à repetição — A segunda tópica

O principal texto sobre a ampla reformulação da teoria freudiana a que me refiro é "Além do princípio do prazer" (*ESB*, vol.17, [1920]).

Sonhos traumáticos

A citação de Elias Canetti foi extraída da epígrafe da introdução de *Trauma and Dreams*, de Deirdre Barrett (Londres, Harvard University Press, 1996).

Trauma e angústia

Nesta seção discorro basicamente sobre dois textos: um de Freud, "Inibições, sintomas e angústia" (*ESB*, vol.18, [1920]), e outro de Otto Rank, *The Trauma of Birth* (Nova York, Robert Brunner, [1924], 1952).

Atualidade: PTSD

O artigo de Sérgio Paulo Rouanet que menciono é "Os traumas da modernidade", in Ana Maria Rudge (org.), *Traumas* (São Paulo, Escuta, 2006, p.141-56). O de Mario Pereira é "A paixão nos tempos do DSM: sobre o recorte operacional no campo da psicopatologia", in Raul Albino Pacheco Filho, Nelson Coelho Jr. e Miriam Debieux (orgs.), *Ciência, pesquisa, representação e realidade em psicanálise* (São Paulo, Casa do Psicólogo, 2000, p.119-52). Na p.63, menciono o texto de introdução de *Catástrofe e representação* (São Paulo, Escuta, 2000), escrito pelos editores Arthur Nestrovski e Márcio Seligmann-Silva.

Trauma: estrutural e contingente

Nesta seção cito ideias de Jacques Lacan que aparecem de forma privilegiada em *O Seminário*, livro 11, *Os quatro conceitos fundamentais da psicanálise* (Rio de Janeiro, Jorge Zahar, 1985). O livro do linguista Ferdinand de Saussure que influenciou Lacan chama-se *Curso de linguística geral* (São Paulo, Cultrix, 1972) e foi publicado originalmente em 1916 por colaboradores e alunos como obra póstuma.

O trabalho de Colete Soller comentado na p.66 é "Discurso e trauma", in Sonia Alberti e Maria Anita Carneiro Ribeiro, *Retorno do exílio: o corpo entre a psicanálise e a ciência* (Rio de Janeiro, Contracapa, 2004, p.71-88). O livro de Piera Aulagnier mencionado é *O aprendiz de historiador e o mestre-feiticeiro: do discurso identificante ao discurso delirante* (São Paulo, Escuta, 1989).

Leituras recomendadas

Sugiro, a seguir, os textos de Freud que difundem o conjunto de sua obra e os que abordam o tema deste livro mais de perto. Todos encontram-se na Edição Standard das *Obras completas de Sigmund Freud* (Rio de Janeiro, Imago, várias eds.).

- *Estudos sobre a histeria*, vol.2, [1893-95], co-autoria com Joseph Breuer.
- *A interpretação dos sonhos*, vols. 4 e 5, [1900].
- "*Três ensaios sobre a teoria da sexualidade*", vol.7, [1905].
- "*Sobre o narcisismo: uma introdução*", vol.14, [1914].
- "*A história do movimento psicanalítico*", vol.1, [1914].
- "*Conferência XVIII: Fixação aos traumas. O inconsciente*", vol.16, [1917].
- "*A psicanálise e as neuroses de guerra*", vol.17, [1919].
- "*Além do princípio de prazer*", vol.17, [1920].
- "*Um estudo autobiográfico*", vol.20, [1925].
- "*Inibições, sintomas e angústia*", vol.20, [1926].
- "*Conferência XXXII. Angústia e vida pulsional*", vol.22, [1933].
- *Moisés e o monoteísmo: três ensaios*, vol.23, [1939].

Além dos livros de Freud e de outros já mencionados na seção *Referências e fontes*, indicamos mais alguns que podem complementar o estudo:

Bercherie, Paul. *Os fundamentos da clínica — História e estrutura do saber psiquiátrico*. Rio de Janeiro, Jorge Zahar, 1989.

Braustein, Néstor A. *Sobrevivendo ao trauma. Tempo Psicanalítico*. Rio de Janeiro, Sociedade de Psicanálise Iracy Doyle, vol.35, 2003, p.93-114.

Jorge, Marco Antonio Coutinho. *Fundamentos da psicanálise de Freud a Lacan*. Rio de Janeiro, Jorge Zahar, 2000.

Lacan, Jacques. *O Seminário*, livro 10, *Angústia*. Rio de Janeiro, Jorge Zahar, 2005.

Ferenczi, Sándor. "Psicanálise das neuroses de guerra", in *Obras completas*. São Paulo, Martins Fontes, vol.3, 1993.

Kupferberg, Marylink. *Filhos da guerra*. Tese de doutorado, Departamento de Psicologia, Rio de Janeiro, PUC, 2005.

Rabinovich, Diana. *A angústia e o desejo do outro*. Rio de Janeiro, Companhia de Freud, 2005.

Rudge, Ana Maria. "Trauma e temporalidade", in *Revista Latino-Americana de Psicopatologia Fundamental*. São Paulo, Escuta, vol.7, n.4, dez 2003, p.102-16.

Sobre a autora

Ana Maria Rudge é psicóloga, psicanalista e professora do Mestrado e Doutorado em Psicanálise, Saúde e Sociedade da Universidade Veiga de Almeida-RJ. Foi professora associada do Departamento de Psicologia da PUC-Rio, onde coordenou o Programa de Pós-Graduação em Psicologia Clínica. É pesquisadora do CNPq e recebeu apoio para a pesquisa sobre trauma. É membro psicanalista da Sociedade de Psicanálise Iracy Doyle e membro da Associação Universitária de Pesquisa em Psicopatologia Fundamental. Além de vários artigos publicados em periódicos nacionais e internacionais, organizou o livro *Traumas* (São Paulo, Escuta, 2006), a partir de apresentações no I Congresso Internacional de Psicopatologia Fundamental, que presidiu em 2004, na PUC-Rio.

Psicanálise **PASSO-A-PASSO**

- **O adolescente e o outro**
  Sonia Alberti
- **Mito e psicanálise**
  Ana Vicentini de Azevedo
- **Sonhos**
  Ana Costa
- **Édipo**
- **Psicanálise com crianças**
  Teresinha Costa
- **Freud: criador da psicanálise**
- **Lacan, o grande freudiano**
  Marco Antonio Coutinho Jorge e Nadiá Paulo Ferreira
- **A sublimação**
  Orlando Cruxên
- **Freud e a religião**
  Sérgio Nazar David
- **O conceito de sujeito**
  Luciano Elia
- **A teoria do amor**
  Nadiá Paulo Ferreira
- **Histeria: o caso Dora**
  Nadiá Paulo Ferreira e Marcus Alexandre Motta
- **A interpretação**
  Laéria Fontenele
- **Freud e a cultura**
  Betty Fuks
- **Política e psicanálise**
  Ricardo Goldenberg
- **A psicose**
  Andréa M.C. Guerra
- **Angústia**
  Sonia Leite
- **Linguagem e psicanálise**
  Leila Longo
- **Para que serve a psicanálise?**
- **A transferência**
  Denise Maurano
- **Depressão e melancolia**
  Urania Tourinho Peres
- **Feminino/masculino**
  Maria Cristina Poli
- **Os outros em Lacan**
  Antonio Quinet
- **A neurose obsessiva**
  Maria Anita Carneiro Ribeiro
- **Cinema, imagem e psicanálise?**
  Tania Rivera
- **Trauma**
  Ana Maria Rudge
- **A paixão**
  Marcus André Vieira
- **Educação e psicanálise**
  Rinaldo Voltolini